PRIÈRES

POUR CEUX QUI RESTENT

À mes chères amies,
sœur Marie-Maxime
et Bénédicte Drouin-Jollès.

Imprimé avec autorisation ecclésiastique
donnée le 24 juin 2022 par Mgr Patrick Chauvet,
vicaire épiscopal à l'*Imprimatur* de l'archevêque de Paris.

MAME

Direction : Guillaume Arnaud
Direction éditoriale : Sophie Cluzel
Direction artistique : Armelle Riva
Direction de la fabrication : Thierry Dubus

Édition : Emmanuelle Rivoire-Grimaud, avec Mathilde Cabon-Ollivier
Fabrication : Morgane Lajeunesse
Mise en pages : Gauthier Delauné

57 rue Gaston-Tessier, 75019 Paris.
www.mameeditions.com

ISBN : 9782728931538
MDS : MM31538

BÉNÉDICTE DE SAINT-GERMAIN

PRIÈRES POUR CEUX QUI RESTENT

Préface de don Paul Denizot,
recteur du sanctuaire de Montligeon

MAME

PRÉFACE

La perte d'un être aimé, parent, enfant, épouse ou époux, frère ou sœur, ami, est toujours une souffrance pour celui qui reste, quelle que soit la relation tissée ou quelles que soient les circonstances qui viennent parfois rendre la mort encore plus dramatique (mort brutale, suicide, souffrances de la maladie...).

D'un côté, des émotions parfois contradictoires traversent notre cœur : larmes, abattement, tristesse, désespoir, révolte, culpabilité... De l'autre, nous éprouvons une sorte d'état de choc et de sidération que nous ne savons pas dire et expliquer. Très souvent, quand nous essayons de prier dans ces situations toujours inédites et qui nous bouleversent, nous sommes démunis et nous pouvons avoir l'impression que nous ne savons pas prier.

La parole de Dieu nous donne justement les mots qui nous manquent pour exprimer les émotions qui habitent notre cœur. C'est, par exemple, le psaume du *De profundis* (psaume 129), dans lequel le psalmiste ose crier vers le Seigneur depuis les profondeurs dans lesquelles il se trouve. Il crie, il appelle, il attend, il guette et il espère. La parole de Dieu peut nous rejoindre vraiment. Dans les moments d'abattement, elle permet que la souffrance se transforme en cri, le cri en parole, la parole en prière et la prière en Espérance.

Mais la mort vient aussi soulever des questions : qu'est-ce que j'ai fait au Bon Dieu, pourquoi est-il mort, qu'aurais-je dû faire, où est-il, vais-je vraiment le retrouver, quelle espérance face à cet abîme de la mort, est-il possible de continuer à vivre ? Lorsque ces questions nous assaillent, la parole de Dieu nous offre un appui solide. Elle est une lumière qui nous donne, dans la foi, les réponses fondamentales à la question de la mort.

Bénédicte de Saint-Germain travaille au sanctuaire Notre-Dame de Montligeon qui accueille, chaque année, de nombreuses personnes en deuil. Elle est le témoin discret et délicat de la consolation et de l'espérance que cherchent ces personnes. Lorsque la mort nous touche, nous avons tous besoin d'être écoutés et de pouvoir dire nos émotions. Nous avons aussi besoin d'entendre l'Espérance solide que donne la parole de Dieu. Enfin, nous avons besoin de prier pour notre défunt, seul ou avec d'autres, pour le confier au Seigneur. Et la prière nous ouvre sur les liens invisibles de la communion des saints.

Cette expérience du cœur a inspiré à Bénédicte ce joli petit livre. Il se propose d'aider les personnes en deuil ou qui se posent des questions par rapport à la mort, en suggérant des prières adaptées à chaque étape. Il aide à crier vers Dieu et à se réchauffer à cette Espérance qui, seule, permet de donner un sens à la mort.

Don Paul Denizot, c.s.m.
recteur du sanctuaire
Notre-Dame de Montligeon.

INTRODUCTION

À travers mon métier de journaliste, il m'est donné d'approcher la vie de ceux qui souffrent pour pouvoir la dire ensuite à d'autres. Or, plus le temps passe, plus j'aborde la souffrance pauvrement. Tout ce que j'avais l'impression de comprendre rationnellement du sens de la souffrance s'est peu à peu fracassé sur la réalité de l'épreuve. Face à la douleur, et plus particulièrement face à l'épreuve du deuil, du manque, de l'absence, de vies à jamais bouleversées de manière parfois si cruelle et injuste, les mots sont si indigents qu'ils en sont maladroits. Mais s'il est impossible d'expliquer la souffrance et la mort, je ne peux taire ce dont je suis témoin.

Je vois des personnes qui devraient, à vue humaine, s'écrouler et qui, après un parcours de deuil, non seulement vivent, mais avancent sur de nouveaux chemins. Je vois avec émerveillement des personnes qui ont perdu un proche et qui aujourd'hui vivent, s'engagent et aiment, fortes de l'amour de celui qui est parti, fortes aussi de la présence du Seigneur dans leur quotidien. Je rends grâce pour ces personnes fragilisées mais debout, témoins de la miséricorde et de la compassion du Seigneur « qui les connaît par leur nom ». Ancrées au Ciel grâce à leur défunt, elles rappellent à tous que la vie éternelle est déjà commencée et que le Royaume est déjà là. Tout simplement, elles sont nos maîtres d'Espérance.

Dans ce petit livre, j'ai identifié quelques étapes classiques du processus de deuil et proposé pour chacune quelques prières issues de la Bible, de la tradition de l'Église ou bien composées par des auteurs contemporains, connus et inconnus. Le lecteur pourra se les approprier pour y trouver les mots qui expriment sa peine et y puiser l'Espérance.

PLEURER

« Que mes yeux ruissellent de larmes nuit et jour, sans s'arrêter ! »

JÉRÉMIE 14, 17

Celui, celle que j'aime, n'est plus là. Mon amour, mon enfant, mon père, ma mère, mon amie, mon ami est mort. Je ne le serrerai plus dans mes bras, je ne le verrai plus, je ne parlerai plus avec lui. Je me sens seul, abandonné, démuni, sans espoir. Je suis vide et je suis perdu. Un immense chagrin a tapissé mon cœur. Et je pleure.

Les larmes surgissent parfois quand je ne les attends pas, à la faveur d'un mot, d'une attitude, d'un souvenir ou d'un détail apparemment insignifiant. Elles s'invitent à l'occasion d'un anniversaire, d'un retour à la maison le soir, d'une fête de famille où tout crie l'absence de celui que j'aime. Elles peuvent venir aussi du plus profond de mes entrailles, comme le cri d'un déchirement. Expression de ma peine, larmes silencieuses ou sanglots profonds. Larmes publiques du jour, pleurs pudiques de la nuit. Larmes retenues ou torrent incontrôlable.

Les larmes disent tout : la tristesse, la colère, le sentiment d'abandon, le regret, la peur de ce que sera l'avenir et la peur de ne pas y arriver. Moyen d'exprimer une émotion, elles sont aussi un langage non verbal qui dévoile le fond du cœur. Jésus, vrai Dieu et vrai homme, a pleuré, lui aussi après la mort de Lazare. Ceux qui l'observaient se sont même exclamés : *« Voyez comme il l'aimait ! »* (Jn 11, 36). Qu'importe si les larmes coulent à temps ou à contretemps, me laissant démuni, désarmé comme un petit enfant qui pleure ! Le creux qu'elles laissent est la condition pour accueillir une présence, une consolation. Le Seigneur l'a promis : *« Heureux ceux qui pleurent, car ils seront consolés ! »* (Mt 5, 4).

Donne-moi le don des larmes

Sainte Marie Madeleine, tu as tant pleuré : pleurs de repentir avec lesquels tu as lavé les pieds de Jésus, pleurs de peine immense après la mort du Bien-Aimé. Tes larmes t'ont tellement aveuglée qu'elles t'ont empêchée de reconnaître Jésus ressuscité. Tu as dû te retourner, convertir ton regard, abandonner ta condition de pleureuse, pour être consolée et retrouver l'amour que tu croyais perdu.

Donne-moi ce don des larmes
qui lavent et qui soulagent.
Montre-moi aussi comment me tourner
vers Dieu et être attentif aux signes
de sa présence dans les petites choses de la vie.
Aide-moi à le laisser s'approcher de moi.
Montre-moi comment l'accueillir
et me laisser consoler par lui.
Comme Marie au pied de la croix,
aide-moi à tourner mon regard vers le Christ
ressuscité, sans qui il n'est pas de chemin.

Salve Regina

Salve Regina, Mater misericordiae
Vita, dulcedo, et spes nostra, salve
Ad te clamamus, exules filii Evae.
Ad te suspiramus, gementes et flentes
In hac lacrimarum valle.
Eia ergo, advocata nostra
Illos tuos misericordes oculos
Ad nos converte.
Et Jesum benedictum fructum ventris tui
Nobis, post hoc exsilium ostende.
O clemens, O pia, O dulcis Virgo Maria.

Salut, ô Reine, mère de miséricorde,
Notre vie, notre douceur, notre espérance,
Salut !
Nous crions vers toi, enfants d'Ève exilés.
Vers toi nous soupirons, gémissant et pleurant
Dans cette vallée de larmes.
Ô toi, notre avocate,
Tourne vers nous ton regard miséricordieux.
Et après cet exil, montre-nous Jésus
Le fruit béni de tes entrailles.
Ô clémente, ô miséricordieuse, ô douce Vierge Marie.

Il y a un temps pour tout

Il y a un moment pour tout, et un temps
pour chaque chose sous le ciel :
un temps pour donner la vie,
et un temps pour mourir.
Un temps pour pleurer, et un temps pour rire.
Toutes les choses que Dieu a faites
sont bonnes en leur temps.

ECCLÉSIASTE 3, 1-2.4.11

Prends pitié de moi, Seigneur,
je suis en détresse. La douleur me ronge
les yeux, la gorge et les entrailles.
Ma vie s'achève dans les larmes,
et mes années, dans les souffrances. Le péché
m'a fait perdre mes forces, il me ronge les os.
Je suis la risée de mes adversaires et même
de mes voisins, je fais peur à mes amis
(s'ils me voient dans la rue, ils me fuient).
On m'ignore comme un mort oublié,
comme une chose qu'on jette.
Moi, je suis sûr de toi, Seigneur,
je dis : « Tu es mon Dieu ! »
Mes jours sont dans ta main : délivre-moi
des mains hostiles qui s'acharnent.
Sur ton serviteur, que s'illumine
ta face : sauve-moi par ton amour.

PSAUME 30, 10-13.15-17

« Venez à moi, vous tous qui peinez »

« Venez à moi, vous tous qui peinez
sous le poids du fardeau, et moi, je vous
procurerai le repos. » (Matthieu 11, 28)

Douce parole de Jésus-Christ qui prend sur lui tous les travaux, toutes les lassitudes et toutes les douleurs des hommes ! Ô mon Sauveur, vous voulez donc porter tous nos maux ! Vous m'invitez à m'en décharger sur vous ; tout ce que je souffre doit trouver en vous du soulagement. Je joins donc ma croix à la vôtre ; portez-la pour moi. Je suis comme vous étiez, tombant en défaillance quand on fit porter votre croix par un autre. Je marche après vous, Seigneur, vers le Calvaire, pour y être crucifié. Je veux, quand vous le voudrez, mourir entre vos bras : mais la pesanteur de ma croix m'accable, je manque de patience. Ô mon Dieu, soyez vous-même ma patience ! Je vous en conjure par votre promesse ; je viens à vous, je n'en puis plus ; c'est assez pour mériter votre compassion et votre secours.

FÉNELON

Stabat Mater[1]

Stabat Mater dolorosa
juxta Crucem lacrimosa
dum pendebat Filius.

Eia Mater, fons amoris,
me sentire vim doloris
fac, ut tecum lugeam.

Debout, la Mère des douleurs
Près de la croix était en pleurs
Quand son Fils pendait au bois.

Ô Mère, source d'amour,
fais-moi sentir la force de ta douleur
que je pleure avec toi.

1. Extrait

Seigneur, je viens Vous prier de remettre à ma mère ses péchés

Seigneur, je viens Vous prier de remettre à ma mère ses péchés. Ce qui fait couler les larmes, Seigneur, que je répands devant Vous pour votre servante, c'est l'appréhension qui s'empare de moi, quand je considère les périls de toute âme qui meurt dans la condition des enfants d'Adam. [...] Je viens donc Vous prier de remettre à ma mère ses péchés. [...] Je sais que ma mère a usé de miséricorde et pardonné du fond de son cœur à ceux qui l'avaient offensée ; pardonnez-lui donc aussi les fautes qu'elle a pu commettre envers Vous pendant les années qu'elle a vécues depuis son Baptême ; pardonnez-les-lui, Seigneur, je Vous en supplie ; pardonnez-les-lui, et n'entrez point avec elle en jugement. Que Votre miséricorde l'emporte sur votre Justice, puisque votre Parole est vraie, et que Vous avez promis Miséricorde à ceux qui auront été miséricordieux. Ainsi soit-il.

SAINT AUGUSTIN[2]

2. *Les Confessions* IX, 13, 34-35, après la mort de sa mère Monique.

Donne-moi ta Mère

Seigneur, je n'en peux plus ! L'absence est trop cruelle !
Pourquoi ce départ brutal ?
Comment vivre avec cette grande douleur
qui m'envahit tout entier, jour et nuit ?

Pitié, Seigneur, viens vite à mon secours,
ne me laisse pas dans la détresse.

Donne-moi à nouveau ta Mère comme tu l'as fait
sur la croix. Elle qui se tenait debout à tes pieds,
me couvrira de son manteau maternel,
afin que je puisse, moi aussi rester debout
et continuer à vivre avec, dans le cœur,
la certitude de nous retrouver un jour au Ciel.

Prière pour l'adieu au visage

Devant nous, ton visage, comme plongé
dans un sommeil sans fin que rien
à présent ne viendra plus troubler.

Nous le chérissons encore, ce visage, dernière
relique de ta présence en ce monde.

Derrière le silence respectueux dans lequel nous
nous tenons, nos esprits s'interrogent. Si, comme
nous le voyons, la vie s'est glissée hors de ton
corps, sur le point de rejoindre les éléments,
qui pourra nous dire où ta vie s'en est allée ?

Où l'élan vital qui t'a mû au long
des ans t'a-t-il entraîné ?

Vers quelle destinée ton esprit s'est-il envolé ?

À nos questions, tu sembles opposer
le silence et la paix, nous renvoyant
au sens profond de nos existences.

Ta mort nous interpelle. Elle est venue
interrompre le cours de nos quotidiens,
en projetant sur eux une lumière crue.

À chacun de nous, la liberté de laisser la vue
de ta dépouille bousculer nos cécités.

Oui, nous le sentons, ta mort peut redonner
vie à ce qui, en nous, partait vers le néant.

Alors, en retour, nous consentons à rompre
les dernières amarres qui te retiennent ici-bas.

Va vers ton créateur. Nous ne te retenons pas.

Et lorsque dans un instant, ton visage nous sera
enlevé à jamais, puissions-nous le retrouver,
au plus profond de nos êtres éplorés, comme
une lueur qui nous guidera vers l'amour vrai.

CHRISTIAN DE CACQUERAY

CULPABILISER ET PARDONNER

*« En toi est la source de vie ;
par ta lumière nous voyons la lumière. »*

PSAUME 35, 10

«J'aurais dû te dire davantage que je t'aimais », « Je n'ai pas vu que tu avais besoin d'aide », « Je m'en veux de notre dispute juste avant ton départ », etc. Combien de culpabilités m'assaillent quand je relis notre histoire commune ! Depuis ta mort, les ratés ressurgissent. Je ne trouve pas le repos. Je n'ai pas la conscience tranquille et je ne sais pas comment me défaire de toutes ces zones grises, moi qui aimerais tant que notre amour soit sans ombre pour l'éternité.

La culpabilité est inévitable mais elle n'est pas toujours mauvaise. Jean Monbourquette, prêtre et psychologue canadien[3], identifie la culpabilité saine : « Elle survient chez l'endeuillé quand celui-ci

3. Jean Monbourquette et Isabelle d'Aspremont, *Excusez-moi, je suis en deuil*, Paris, Bayard, 2020.

reconnaît un ou des manques à ses devoirs envers le défunt [...], ce sentiment est basé sur une réalité objective. » Autre est la culpabilité obsessionnelle : celle-ci est « malsaine, répétitive et cache beaucoup de colère non exprimée envers le défunt ». Pour éviter d'être pétri de remords et même, parfois, de s'attribuer la responsabilité du décès – notamment en cas de suicide –, mieux vaut trouver un moyen d'exorciser cette obsession en se faisant éventuellement aider.

Il n'est jamais trop tard pour demander pardon à un être aimé, fût-il mort et pour lui pardonner ses manquements à notre égard. Quand on a un sens inné de la justice, pardonner est un acte presque surhumain. Mais je peux me pardonner les torts qui ont fait souffrir l'autre. Je peux aussi l'aimer au-delà de ce qui m'a blessé. À vue humaine, c'est impossible mais pas pour Dieu. Le Christ nous a commandé de pardonner jusqu'à soixante-dix fois sept fois (Mt 18, 22), c'est-à-dire jusqu'à l'infini. En le laissant habiter dans nos cœurs par la foi, nous sommes enracinés et établis dans l'amour (Ep 3, 17). Par cet amour, nous pouvons recevoir et accorder le pardon. *« Et la paix de Dieu [...] gardera [nos] cœurs et [nos] pensées dans le Christ Jésus. »* (Ph 4, 7).

Seigneur, apprends-moi à pardonner

Aide-moi, Seigneur, à pardonner
comme tu pardonnes ;
aide-moi à pardonner tout de suite, sans garder
un seul instant la moindre animosité ;
à pardonner du fond du cœur, non seulement
en paroles mais de toute la force de ma volonté ;
à pardonner complètement, sans mettre
de réserve ni de condition à mon pardon ;
à pardonner définitivement, sans plus jamais
revenir sur les événements du passé ;
à pardonner sincèrement [...] ;
à pardonner humblement, dans la persuasion
que j'ai beaucoup à me faire pardonner ;
à pardonner généreusement, en prenant
la résolution d'aimer davantage celui
qui m'a fait du mal, et en priant pour lui ;
à pardonner inlassablement, sans jamais
poser de frontières à mes pardons.
Aide-moi à pardonner, Seigneur,
et forme dans mon cœur la grandeur
d'un pardon semblable au tien.

JEAN GALOT, S.J.

Avec saint Pierre

Saint Pierre, toi qui as été appelé le premier, tu aimais Jésus, ton maître et Seigneur. Tu croyais profondément qu'il était le chemin, la vérité et la vie : *« À qui irions-nous ? Tu as les paroles de la vie éternelle »* (Jn 6, 68). Tu étais prêt à le suivre jusqu'au bout, et tu lui as dit : *« Je donnerai ma vie pour toi ! »* (Jn 13, 37)

Après l'arrestation de ton ami, tu as voulu l'accompagner jusque dans le palais du grand prêtre. Par trois fois, on t'a demandé si tu étais un disciple de Jésus. Par trois fois, tu l'as nié. Quand le coq chanta pour te rappeler l'avertissement de Jésus, tu as amèrement pleuré. Comme tu as dû t'en vouloir, regretter tes paroles, te détester ! Et tu t'es repenti. Tu as reconnu ta faute et tu as vu en même temps la miséricorde du Seigneur.

Après la mort de Jésus, tu ne t'enfuis pas. Humblement, tu restes avec les apôtres et avec Marie. Ils te gardent pour leur chef. Jésus ressuscité t'apparaît avant de se montrer aux autres apôtres (1 Co 15, 5). Et plus tard, au bord du lac, vient le questionnement décisif, celui qui répare tout, qui verse un onguent sur ta triple trahison : *« Simon, fils de Jean, m'aimes-tu vraiment ? »* (Jn 21, 16). À chaque interrogation, tu te livres davantage : tu éprouves pour le Christ un amour profond qui engage tout ton être, qui abolit toute peur, qui te fera témoigner, malgré tous les obstacles, jusqu'au don de ta vie.

Saint Pierre, vois mes regrets à l'égard de ... Montre-moi comment identifier mes manquements et mes fautes. Intercède pour moi, afin que je sois délivré des remords qui m'assaillent. Enseigne-moi le vrai repentir, celui qui libère et ouvre la porte au pardon. Aide-moi à accueillir la miséricorde que Jésus veut me donner. Amen.

Prière attribuée à saint François d'Assise

Seigneur, fais de moi un instrument de ta paix.
Là où est la haine, que je mette l'amour.
Là où est l'offense, que je mette le pardon.
Là où est la discorde, que je mette l'union.
Là où est l'erreur, que je mette la vérité.
Là où est le doute, que je mette la foi.
Là où est le désespoir, que je mette l'espérance.
Là où sont les ténèbres, que je mette la lumière.
Là où est la tristesse, que je mette la joie.

Ô Seigneur, que je ne cherche pas tant
à être consolé qu'à consoler,
à être compris qu'à comprendre,
à être aimé qu'à aimer.

Car c'est en se donnant qu'on reçoit,
c'est en s'oubliant qu'on se retrouve,
c'est en pardonnant qu'on est pardonné
c'est en mourant qu'on ressuscite à l'éternelle vie.

Prière après avoir accompagné un proche, atteint de la maladie d'Alzheimer

Seigneur, veille sur moi comme tu as
veillé sur ... tout au long de sa maladie.
Tu sais combien j'ai été, tour à tour,
aimant, maladroit, patient, exaspéré
ou même parfois dur avec cette personne
aimée que je ne reconnaissais plus.

Toi seul connais le fond des cœurs :
tu comprends et pardonnes sans te lasser.
C'est pourquoi je viens te demander d'adoucir
ma peine, de me guérir de ma culpabilité,
et de me donner la force de croire
que nous nous retrouverons au Ciel tous les deux,
beaux, lumineux et rayonnants de ton Amour.

ANONYME

Prière des parents à la suite du suicide de leur enfant

À toi l'adolescent fragile,
Toi qui croyais n'être qu'une rature de l'existence,
qui pensais ne jamais être compris,
Nous connaissions tes coups de blues et tes coups de gueule,
Tes mutismes et tes exubérances...

Alors, sous la pression de tant de contradictions,
Une violence est montée en toi,
tel un geyser qui a fini par t'arracher à la vie.
Et tu nous as laissés, le cœur brisé, en mille éclats.
Dans le champ de bataille que sont devenues nos vies,
Nous cherchons des semblants de réponse.
Mais en vain...

Nous savons cette part de lumière qui t'habitait,
Nous la croyons plus forte que les ténèbres
qui t'ont envahi au moment de ton geste.
Nous savons aussi que Dieu est lumière
et qu'il se trouve de ton côté,
Et que, par conséquent, ton geste de désespoir
ne l'a ni abîmé ni exclu de ta vie.

Alors nous te remettons à sa miséricorde
qui est la clé du ciel déposée dans ta main.
Nous croyons aujourd'hui que ta quête éperdue
d'amour a rencontré le Visage de l'amour.

Nous voulons te demander pardon pour nos indélicatesses,
pour n'avoir pas su rejoindre ta détresse cachée.
Avec nos fragilités nous t'avons tellement aimé
et nous t'aimons doublement aujourd'hui
parce que tu as besoin
de nos prières sur ton nouveau chemin.
De même, nous voulons te pardonner
pour ton geste de violence.
Mais nous croyons que tout peut être réparé
dans l'Amour de notre Dieu...
Et qu'il faudra beaucoup de temps pour cela.

Va, notre enfant, avance sur le chemin de l'Amour.

PÈRE JOËL PRALONG[4]

4. Joël Pralong, *Le vertige du suicide*, Nouan-le-Fuzelier, éditions des Béatitudes, 2012.

Quia te contemplans totum deficit.

Car en te contemplant, tout souci s'amenuise.

SAINT THOMAS D'AQUIN

Souvenez-vous

Souvenez-vous, ô très miséricordieuse
Vierge Marie, qu'on n'a jamais entendu dire
qu'aucun de ceux qui ont eu recours
à votre protection, imploré votre assistance,
réclamé votre secours, ait été abandonné.

Animé d'une pareille confiance, ô Vierge
des vierges, ô ma Mère, je cours vers vous
et, gémissant sous le poids de mes péchés,
je me prosterne à vos pieds.

Ô Mère du Verbe incarné, ne méprisez pas
mes prières, mais accueillez-les favorablement
et daignez les exaucer. Amen.

SAINT BERNARD DE CLAIRVAUX

Car tu es mon Père

Mon Père, je m'abandonne à toi,
fais de moi ce qu'il te plaira.

Quoi que tu fasses de moi, je te remercie.
Je suis prêt à tout, j'accepte tout,
pourvu que ta volonté se fasse
en moi, en toutes tes créatures,
je ne désire rien d'autre, mon Dieu.

Je remets mon âme entre tes mains,
je te la donne, mon Dieu,
avec tout l'amour de mon cœur,
parce que je t'aime
et que ce m'est un besoin
d'amour de me donner,
de me remettre entre tes mains, sans mesure,
avec une infinie confiance,
car tu es mon Père.

SAINT CHARLES DE FOUCAULD

Vers Dieu, je crie mon appel !
Je crie vers Dieu : qu'il m'entende !

PSAUME 76, 1

SE RÉVOLTER

« Seigneur, si tu avais été ici, mon frère ne serait pas mort. »

JEAN 11, 21

Pourquoi est-il mort ? Pourquoi est-elle morte ? Pourquoi la personne que j'aime et pas une autre ? Pourquoi celle dont j'ai tant besoin aujourd'hui ? Pourquoi celle dont la mort me met en difficulté matérielle ? Qu'ai-je fait pour mériter une telle peine ? J'en veux à la vie, au monde, aux autres et même à Dieu. Pourquoi, s'il est tout-puissant, n'a-t-il pas arrêté cette maladie ? Nous l'avions tant prié pourtant. Est-il sourd ? Souhaite-t-il le malheur de ses enfants ? Au fond de moi, je sens la colère bouillonner ; cela me ronge et pompe mon énergie.

Comme toute émotion, cette colère n'est ni bonne ni mauvaise. Elle met le doigt sur un sentiment d'injustice. Il est nécessaire d'identifier cette émotion et d'en chercher les causes. Nous pouvons aussi la laisser sortir, mais sans exploser sur les autres qui n'y peuvent rien : par exemple en l'écrivant, en allant crier dans la forêt ou en nous faisant accompagner. Qu'avons-nous à gagner à l'entretenir ? Nous avons, au contraire, beaucoup à y perdre, non seulement en nous laissant miner par la colère mais encore en nous privant de l'amour de Dieu.

Contre la colère, saint Paul donne deux conseils précieux : « *Que le soleil ne se couche pas sur votre colère* » (Ep 4, 26) et : « *N'attristez pas le Saint Esprit de Dieu, qui vous a marqués de son sceau en vue du jour de votre délivrance* » (Ep 4, 30). Un seul pas, très humble, dépend de nous : décider d'invoquer le Seigneur pour qu'il nous donne son Esprit Saint, esprit de douceur et de paix.

Prière pour obtenir la douceur

Ô Seigneur, avec ton aide, je veux m'exercer
à la douceur dans les rencontres
et les contrariétés quotidiennes.
Dès que je m'apercevrai que la colère s'allume en moi,
je recueillerai mes forces, non avec violence,
mais doucement, et je chercherai
à rétablir mon cœur dans la Paix.
Sachant que je ne peux rien seul,
je prendrai soin de T'appeler au secours,
comme le firent les apôtres ballottés
par la mer en furie. Enseigne-moi à être doux
avec tous, même avec ceux qui m'offensent
ou me sont opposés, et jusqu'avec moi-même,
ne m'accablant pas à cause de mes défauts.
Quand je tomberai, malgré mes efforts,
je me reprendrai doucement et dirai :
« Allons, mon pauvre cœur, relevons-nous
et quittons cette fosse pour toujours.
Recourons à la Miséricorde de Dieu,
elle nous viendra en aide. » Amen.

SAINT FRANÇOIS DE SALES

Seigneur, je cherche le repos

Seigneur, toi qui t'es reposé
après avoir accompli le travail inouï de la Création,
montre-moi où déposer mon fardeau.
Toi, le berger qui fais reposer tes enfants
sur des prés d'herbe fraîche,
mène-moi vers des eaux tranquilles.
Donne-moi ton souffle pour respirer.
Ouvre-moi ton cœur,
« car mon cœur est sans repos,
tant qu'il ne repose en toi[5] ».

5. Citation de saint Augustin.

Prière sur un corps

*« À l'endroit où Jésus avait été crucifié, il y avait
un jardin et, dans ce jardin, un tombeau neuf […]
c'est là qu'ils déposèrent Jésus. »* (Jn 19, 41-42)

Seigneur, quel poids incalculable dans ce corps
livré pour nous… Nicodème ne veut pas
que ton corps meurtri finisse dans la fosse commune,
perdu à tout jamais ! Il lui accorde
une importance considérable.
Tel un paysan, il laisse le grain tomber
en terre pour une mystérieuse moisson.

Il en va de même, Seigneur, pour ce corps précieux,
totalement inanimé, qui vient d'être arraché
à la morgue. Corps sans vie et tout froid de celui
ou celle que j'ai tant aimé ; corps lourd
plus que la pierre et qui dort dans un cercueil de bois.

Seigneur, ce n'est pas sans raison que tes disciples
appellent les cimetières des dortoirs. Car le corps
de notre défunt se relèvera. Il n'est pas perdu !
Il attend juste son heure, son éternel printemps,
dans ce jardin merveilleux où mon âme glacée n'éprouve
aujourd'hui que l'effroyable rigueur de l'hiver.

S.P.

Vierge sainte, ayez pitié de ceux qui s'aimaient et qui ont été séparés

Vierge sainte, au milieu de vos jours glorieux, n'oubliez pas les tristesses de la terre. Jetez un regard de bonté sur ceux qui sont dans la souffrance, qui luttent contre les difficultés et qui ne cessent de tremper leurs lèvres aux amertumes de cette vie.

Ayez pitié de ceux qui s'aimaient et qui ont été séparés. Ayez pitié de l'isolement du cœur. Ayez pitié de la faiblesse de notre foi. Ayez pitié des objets de notre tendresse. Ayez pitié de ceux qui prient, de ceux qui pleurent, de ceux qui tremblent. Donnez à tous l'espérance et la paix. Ainsi soit-il.

ABBÉ HENRI PERREYVE

Âme du Christ

Âme du Christ, sanctifie-moi,
Corps du Christ, sauve-moi,
Sang du Christ, enivre-moi,
Eau du côté du Christ, lave-moi.

Passion du Christ, fortifie-moi,
Ô bon Jésus, exauce-moi,
Dans tes blessures, cache-moi,
Ne permets pas que je sois séparé de toi.

De l'ennemi, défends-moi,
À ma mort, appelle-moi,
Ordonne-moi de venir à toi,
Pour qu'avec les saints je te loue
Dans les siècles des siècles.

Ainsi soit-il.

✝

Le Seigneur est mon berger : je ne manque de rien.
Sur des prés d'herbe fraîche, il me fait reposer.

Il me mène vers les eaux tranquilles
et me fait revivre ;
il me conduit par le juste chemin
pour l'honneur de son nom.

Si je traverse les ravins de la mort,
je ne crains aucun mal,
car tu es avec moi : ton bâton
me guide et me rassure.

Tu prépares la table pour moi devant mes ennemis ;
tu répands le parfum sur ma tête,
ma coupe est débordante.

Grâce et bonheur m'accompagnent
tous les jours de ma vie ;
j'habiterai la maison du Seigneur
pour la durée de mes jours.

PSAUME 22

Moi, je suis la résurrection et la vie.
Celui qui croit en moi, même s'il meurt,
vivra ; quiconque vit et croit en moi
ne mourra jamais. Crois-tu cela ?

JEAN 11, 25-26

Souffrir en aimant, aimer en souffrant

Cette croix, Seigneur, je n'en veux pas.
Pourquoi subir la mort
de celui ou de celle que j'aime ?
« Vas-tu longtemps encore opposer
ta colère [à mes] prières, [me] nourrir du pain
de [mes] larmes, [m]'abreuver de larmes
sans mesure ? » (Ps 79, 5-6.)
La mort n'est pas belle, la croix non plus.

Toi-même, Seigneur, tu es passé par la croix.
Toi, l'innocent qui n'avais pas mérité une telle peine,
tu as subi l'ignominie.
Tu as tout supporté, tout enduré, tout souffert,
y compris la souffrance de celui que j'ai perdu,
y compris ma propre désolation.
Et tu as transformé ce sacrifice en pur amour.

Saint Jean-Marie Vianney le disait ainsi :
« Qu'on le veuille ou non, il faut souffrir.
Il y a deux manières de souffrir :
souffrir en aimant, et souffrir sans aimer.
Les saints souffraient tout avec patience,
joie et persévérance parce qu'ils aimaient.
Nous souffrons, nous, avec colère, dépit
et lassitude, parce que nous n'aimons pas. »

Jésus, toi qui as souffert en aimant,
montre-moi aujourd'hui comment aimer en souffrant
et comment souffrir en aimant.

Cantique spirituel

Ô mon âme, la plus belle d'entre les créatures de Dieu,
toi qui désires si ardemment
savoir où se trouve ton Bien-Aimé,
afin de le chercher et de t'unir à lui,
voici qu'on te dit : tu es toi-même la demeure
où il habite, la retraite où il se cache.
Quelle joie, quelle consolation pour toi !
Ton trésor, l'objet de ton espérance, est si près de toi
qu'il est en toi-même, ou pour mieux te le dire :
« Voici que le règne de Dieu
est au milieu de vous » (Lc 17, 21).
Réjouis-toi, exulte en ton recueillement intérieur,
dans la compagnie de celui qui est si proche de toi.
Adore-le en toi-même
et garde-toi de le chercher au-dehors.
Tu ne ferais que te distraire et te fatiguer.
La seule difficulté, c'est que,
tout en résidant en toi, il y demeure caché.
C'est déjà beaucoup cependant que de savoir
avec certitude où il se cache, car tu peux
le chercher avec l'assurance de le trouver.

SAINT JEAN DE LA CROIX [6]

6. *Le Cantique spirituel*, B 1, 7-8.

Cantique des créatures

Loué sois-tu, mon Seigneur,
pour notre sœur la mort corporelle
à qui nul homme vivant ne peut échapper.
Malheur à ceux qui meurent en péché mortel ;
heureux ceux qu'elle surprendra faisant ta volonté,
car la seconde mort ne pourra leur nuire.
Louez et bénissez mon Seigneur
rendez-lui grâce et servez-le en toute humilité.

SAINT FRANÇOIS D'ASSISE[7]

7. *Cantique de frère Soleil*, 39-42.

VIVRE L'ABSENCE

« *Il entra donc pour rester avec eux.* »

LUC 24, 29

Tu n'es plus là. Tu ne seras plus jamais là. Ta voix s'est tue à jamais, même s'il me semble l'entendre encore parfois. Je dois désormais continuer seul ma route. Comme ces années seront longues sans toi ! Rien ne sera plus comme avant. Les fêtes sans toi n'ont plus la même saveur. Les choix, je dois les faire seul, sans ton avis et sans tenir compte de toi puisque tu n'es plus là. Jamais je ne m'habituerai à ton absence. Tu me manques.

Et pourtant, tu n'es pas mort pour moi, tu n'es pas anéanti. J'ai l'impression « que tu as laissé la moitié de ton cœur dans le mien[8] ». « Tu es mon absent si présent[9]. » Je rends grâce, sans idéaliser, pour la personne unique que tu es,

8 et 9. Témoignages de personnes en deuil.

pour ta présence, tes sourires, tes paroles, pour tout ce que tu m'as donné. Je suis riche de tout ce que je suis devenu grâce à ta vie près de moi, près de nous.

Comme si j'avais été amputé d'une jambe, je dois patiemment réapprendre à marcher. Avec toi, « je vais créer des liens nouveaux, d'une autre nature[10] ». Nos liens ne sont plus charnels, au niveau des émotions, ou intellectuels mais une intimité authentique demeure. Ce n'est pas un amour ordinaire, mais plutôt une communion spirituelle des cœurs, des âmes. Notre relation qui était extérieure, objective et physique est appelée à se métamorphoser en relation intérieure et subjective. Comme le temps qui brouille peu à peu les souvenirs, cette nouvelle relation se met en place petit à petit, pourvu que je laisse partir l'ancienne.

10. Jean Monbourquette et Isabelle d'Aspremont, *Excusez-moi, je suis en deuil*, *op. cit.*

Prière de confiance

Seigneur, sans la personne que j'aime,
l'avenir m'inquiète ou m'angoisse,
mais tu as promis que tu serais avec nous tous les jours
et que tu ne nous laisserais pas seuls.
Ne sois pas loin : ô ma force, viens vite à mon aide ! » (Ps 21, 20.)
Je te fais confiance, je m'abandonne à toi.

Depuis toujours, tu veux pour moi le bonheur :
« À toi je fus confié dès ma naissance ;
dès le ventre de ma mère, tu es mon Dieu. » (Ps 21, 11).
Aucun de mes instants ne t'est étranger.
Tu es mon Dieu, dans les jours heureux
comme dans les jours de peine.
De toujours à toujours, tu es là.
« Reste avec [moi][11] »

11. Lc 24, 29.

Prière de remerciements au défunt

Pour la personne unique que tu es, je te remercie.
Pour ton sourire, ton rire, ton regard, tes paroles,
tes silences, tes gestes, je te remercie.
Pour ta différence, pour l'horizon
que tu m'as fait découvrir, je te remercie.
Pour ton caractère, pour tes choix,
pour tes idées, je te remercie.
Pour les moments partagés, pour ta manière
d'exprimer ton amour, je te remercie.
Pour la place que tu as eue dans notre famille,
dans ma vie, dans ton travail, avec tes amis,
dans notre entourage, je te remercie.
Pour ton amitié, pour ton amour,
pour ta tendresse, je te remercie.
Seigneur, je te remercie de m'avoir donné ...
Il m'a transformé, a changé ma vie.
Merci pour ce cadeau inestimable de ta bonté.

L'amour ne passera jamais

Seigneur, je te rends grâce pour l'affection,
l'amitié ou l'amour que j'ai éprouvé pour ... pendant sa vie,
et qui ne s'efface pas.
Les ombres qui, inévitablement, ont jalonné notre relation,
les regrets de ce que je n'ai pas fait ou pas dit
ne font que mettre en lumière les liens si forts
qui nous unissaient.
Dans ces liens, comment ne pas voir un reflet de ton amour,
ô Dieu, toi qui es l'Amour éternel ?
Je te rends grâce, Seigneur
pour cet amour qui ne passera jamais.

Dialogue de Jésus avec son ami

Jésus : Alors te voilà tout éploré mon ami ! Je comprends ta douleur. Moi-même n'ai-je pas pleuré sur mon ami Lazare ? Pourtant, celle que tu aimes a quitté cette terre, mais non pas la vie, tu le sais bien.

L'homme : Seigneur ! Merci de te pencher sur moi et sur mon malheur. Oui, je sais que tu accueilles toutes les personnes qui quittent la vie ici-bas, mais le vide qu'elles laissent est immense. Plus jamais ces conversations, ces échanges... Plus jamais cette présence, même silencieuse. Quelle solitude ! Quelle tristesse !

Jésus : C'est vrai que te voilà bien seul à vue humaine, mais ne crois-tu pas que je suis là auprès de toi ? Ne crois-tu pas que c'est le meilleur qui puisse advenir pour celle que tu aimes ? Avoir part à la vie éternelle dans un bonheur sans fin ? Dans mon amour infini ?

L'homme : Oui, Seigneur. Merci pour cela et je te prie de l'accueillir le plus vite possible dans ton paradis et dans ce bonheur sans fin. Mais tu sais, l'absence est tout de même là, si cruelle et si douloureuse !

Jésus : À partir de maintenant, tu vas essayer
de vivre vraiment dans ma présence, je comblerai
tous tes vides et j'appliquerai un baume sur toutes
tes tristesses. En moi tu retrouveras celle que tu
aimes. C'est en mon corps et en mon sang que
tu peux le mieux t'unir à moi et être en communion
avec toutes les personnes qui sont dans mon
royaume. Mais c'est aussi par la prière régulière
et profonde [...]. À chaque instant, tu peux te tourner
vers moi. Je ne te répondrai peut-être pas aussi
clairement que maintenant, mais sois sûr malgré tout
de trouver une réponse et une aide. Je te demande
de me donner tes peines, tes joies,
tout ce qui t'habite au long du jour. Nous en ferons
un bouquet que nous offrirons au Père,
et lui déversera sur toi sa bénédiction.
Oui, confiance et courage mon ami ! Tes larmes,
si tu me les offres, vont faire fructifier un fruit de vie
que tu ne vois pas encore, et ainsi tu participeras
à ma croix et à l'avènement de mon Royaume. [...]
Patience donc mon enfant !
Offre-moi ta confiance et tu auras la Vie toi aussi
et tu retrouveras ton aimée dans une joie sans fin.

ELIOTE LEDEIMA

La colonne de nuée

Guide-moi, douce lumière,
dans les ténèbres qui m'enveloppent,
Guide-moi encore.
La nuit est sombre
et je suis loin de ma demeure
Guide-moi encore.
Garde mes pas,
je ne demande pas à voir
l'horizon lointain –
un seul pas me suffit.
Je ne fus pas toujours ainsi,
et je ne t'ai pas toujours priée
de me guider.
J'aimais choisir et voir ma route,
mais maintenant
guide-moi encore.

J'aimais l'éclat du jour ; et malgré mes craintes,
l'orgueil dominait mon vouloir ;
ne te souviens pas d'années passées.
Ta puissance m'a béni si longtemps ;
elle continuera certes
à me guider
à travers landes et marais, à travers rocs et torrents,
jusqu'à la fin de la nuit.
Et, avec le matin, je verrai sourire ces visages d'anges
que j'aime depuis toujours,
et qu'un temps je perdis.

J. H. NEWMAN[12]

12. *Verse on Various Occasions.*

Prière d'abandon

« Ne me retiens pas, car je ne suis pas encore monté vers le Père. » (Jn 20, 17).

Seigneur, aide-moi à ne pas retenir celui que j'aime. Aide-moi à ne pas le garder pour moi, à le laisser aller vers toi, vers la vie éternelle. Là est son bonheur et sa joie. Aide-moi à quitter les regrets pour l'action de grâce et l'absence pour ta présence.

Seigneur, relève-moi. Tourne mon regard vers le nouveau chemin de vie que tu me proposes. *« Cette loi que [tu me] prescris aujourd'hui n'est pas au-dessus de [mes] forces ni hors de [mon] atteinte. »* (Dt 30, 11).
Tu ne crées pas le malheur,
mais tu veux mon bonheur.
Augmente en moi la confiance et la foi !
Amen.

Prière à la Sainte Vierge

Je te salue, très sainte Mère de Dieu,
qui par ta naissance nous as
montré la vraie lumière ;
Reine du ciel et de la terre, espoir
de ceux qui sont dans le désespoir,
aide ceux qui sont sans soutien.
Médiatrice de tous les pécheurs,
prends-moi sous ton patronage
et protège-moi contre tout malheur ou détresse
de l'âme et du corps. Je te supplie, intercède
pour moi par tes saintes prières.

SAINT DIMITRI DE ROSTOV

Joyeux par amour

Je suis toujours joyeux par amour…
Même si mon cœur connaît la sécheresse,
j'ai toujours le sourire aux lèvres
quand souffle le vent d'automne.

Je suis toujours joyeux par amour…
Même s'il est atteint par la souffrance
ou sous le coup d'une profonde tristesse,
mon cœur ne cesse d'être en paix.

Ce n'est pas la joie, mais bien l'Amour
qui est ma source de joie.
Mon Jésus, comme tu es beau
et combien profonde ta tendresse !

Ce n'est pas la joie qui est cause de ma joie
même si je n'ai rien à craindre,
même si mon cœur bondit de joie,
c'est toujours là un effet de l'Amour.

MARCEL VAN

Je peux tout en celui qui me donne la force.

PHILIPPIENS 4, 13

CHOISIR DES PENSÉES QUI FONT DU BIEN

« Cette loi que je te prescris aujourd'hui n'est pas au-dessus de tes forces ni hors de ton atteinte. »

DEUTÉRONOME 30, 11

Que je pleure, que je sois triste, que je me révolte, que je sois dans le déni ou même que je culpabilise, rien de plus normal. Ce sont des étapes du deuil. Je suis sur un chemin qui va m'apprendre à vivre autrement, sans toi que j'aime et qui es parti.

Mais je vois bien que certaines choses m'empêchent d'être libre. L'autre jour, je me suis remémoré tout ce qui s'est passé depuis ta mort : un anniversaire, un nouveau travail, un déménagement, une belle balade… et j'ai eu le vertige ! Comment ai-je pu vivre cela sans toi ?

Cela m'a rendu triste.

Des personnes essaient de me consoler avec des paroles parfois maladroites. Comment peuvent-elles savoir ce que je vis ? Et celles qui se taisent et qui m'évitent, comme elles me déçoivent... Je sens l'amertume et l'aigreur m'envahir. D'autres me proposent des sorties, me disent de ne pas me laisser abattre mais j'ai peur de bousculer mon équilibre encore fragile et je préfère rester seul.

Certaines pensées nous font mal ; elles ne nous mettent pas dans la paix. Lorsqu'elles se présentent, efforçons-nous de ne pas les retenir, de ne pas nous y attarder. Pour trier les pensées qui font du bien et celles qui apportent la mort, gardons précieusement le critère de discernement de saint Paul : *« Voici le fruit de l'Esprit : amour, joie, paix, patience, bonté, bienveillance, fidélité, douceur et maîtrise de soi »* (Ga 5, 22-23). Demandons souvent l'Esprit Saint, comme une nourriture précieuse pour chaque jour. Même si nos yeux sont encore embués de larmes, voyons toutes choses avec les yeux de l'Esprit.

Prière de confiance

Seigneur, tu m'as créé. Tu m'as aimé
dès le sein de ma mère. Tu me connais,
tous mes chemins te sont familiers.
Tu n'as pas permis cette épreuve
pour me tester ou me terrasser.
Mais puisque tu es mon Père et que tu m'aimes
infiniment, je crois que, malgré cette mort,
tu m'offres un chemin de vie et de bonheur.
Je veux te faire confiance, m'abandonner à toi,
me remettre entre tes mains, te laisser conduire ma vie.
Ne permets pas que je sois séparé de toi.
J'ai trop besoin de toi !
Montre-moi les signes de ta présence.
Dénoue les situations compliquées.
Envoie-moi ton amour tout au long du jour (Ps 41, 9)
et qu'avec les saints et les anges, je chante sans fin ta louange.
Ainsi soit-il.

Reste avec nous, Seigneur !

Reste avec nous, Seigneur !
Il se fait tard.
La nuit est venue,
elle s'est vêtue de noir.

Le Seigneur a donné.
Le Seigneur a repris.

Nous ne partagerons plus
le vin de l'amitié,
ni le pain de la route.

Sa présence nous manque,
son image se voile,
son sourire s'efface.

Viens éclairer nos jours,
consoler notre peine.
Tu es Celui qui es ;
ton amour nous attend
[...]

Reste avec moi, Seigneur !
Je vois poindre l'aurore,
j'entends
le rire des enfants,
la course du vent,
l'eau des fontaines,
le chant de la poulie,
la litanie des hommes,
le cantique des saints.

[...]

Sa présence en mon cœur,
sa présence autrement.

Montre-moi ton visage.

Abrège le temps.
Reste encore avec moi, Seigneur !

– Ne crains pas,
car je suis avec toi !

RAPHAËLLE SIMON

Prière pour celui qui n'y arrive pas

Seigneur, mon âme est sombre,
je n'y arrive pas sans lui.
Je t'en prie, aide-moi à ne pas devenir
esclave de cette souffrance et de cette absence.

Toi seul peux faire que cette mort ne soit pas vaine.
Si elle l'était, il serait mort deux fois.
Fais que son souvenir perdure dans ma maison,
que je sache vivre et transmettre
ce qu'il m'a donné aujourd'hui,
et surtout demain.

Seigneur, je n'y arrive pas, mais toi tu peux tout.
Je t'offre ma douleur et mes limites.
Apprends-moi à consentir, féconde ma plaie,
guéris mon cœur et entoure-le de ta lumière,
sous ton toit où il demeure, dans une joie désormais parfaite.

OLIVIA DE FOURNAS

Le don de l'humour

Seigneur, donne-moi le don de l'humour.
Aide-moi à ne pas m'arrêter
aux maladresses de ceux qui veulent m'aider,
mais à voir l'intention de leur cœur.
Aide-moi à sourire dans les difficultés,
à ne pas voir les contrariétés comme des punitions
qui m'enfoncent mais comme des occasions
de m'abandonner à ta providence.
Aide-moi à ne pas dramatiser,
en particulier quand je suis seul.
Préserve-moi du ressentiment,
de l'envie, de l'amertume.

Crée en moi un cœur pur, prompt à voir
la beauté et le bien, un cœur léger
qui reconnaisse ta présence sous les apparences
et dans les toutes petites choses de la vie.
Mets en moi un esprit nouveau
qui me porte en avant
car « *[tu] fais toutes choses nouvelles* » (Ap 21, 5).

Les gouttes d'amour

Ne vous imaginez pas que l'amour,
pour être vrai, doit être extraordinaire.
Ce dont on a besoin, c'est de continuer à aimer.
Comment une lampe brille-t-elle,
si ce n'est pas par l'apport continuel
de petites gouttes d'huile ? Qu'il n'y ait plus
de gouttes d'huile, il n'y aura plus de lumière.
Et l'époux dira : « Je ne te connais pas. »
Mes amis, que sont ces gouttes d'huile
dans nos lampes ? Elles sont les petites choses
de la vie de tous les jours : la joie, la générosité,
les petites paroles de bonté, l'humilité
et la patience, simplement aussi une pensée
pour les autres, notre manière de faire silence,
d'écouter, de regarder, de pardonner, de parler
et d'agir. Voilà les véritables gouttes d'amour
qui font brûler toute une vie d'une vive flamme.

SAINTE MÈRE TERESA

Mettez votre confiance en Jésus-Christ seul,
et par lui vous serez consolé,
bien que maintenant
vous enduriez de lourdes peines.

SAINT JEAN DE DIEU

Mon Dieu, mon Dieu, pourquoi m'as-tu abandonné ?
Le salut est loin de moi, loin des mots que je rugis.

Mon Dieu, j'appelle tout le jour, et tu ne réponds pas ;
même la nuit, je n'ai pas de repos.
C'est toi qui m'as tiré du ventre de ma mère,
qui m'as mis en sûreté entre ses bras.

À toi je fus confié dès ma naissance ;
dès le ventre de ma mère, tu es mon Dieu.

Ne sois pas loin : l'angoisse est proche,
je n'ai personne pour m'aider.

Je suis comme l'eau qui se répand,
tous mes membres se disloquent.
Mon cœur est comme la cire,
il fond au milieu de mes entrailles.
Ma vigueur a séché comme l'argile,
ma langue colle à mon palais.

Tu me mènes à la poussière de la mort.

Mais toi, Seigneur, ne sois pas loin :
ô ma force, viens vite à mon aide !

Préserve ma vie de l'épée,
arrache-moi aux griffes du chien ;

sauve-moi de la gueule du lion
et de la corne des buffles. Tu m'as répondu !
Et je proclame ton nom devant mes frères,
je te loue en pleine assemblée.

Vous qui le craignez, louez le Seigneur,
glorifiez-le, vous tous, descendants de Jacob,
vous tous, redoutez-le, descendants d'Israël.

Car il n'a pas rejeté, il n'a pas réprouvé
le malheureux dans sa misère ;
il ne s'est pas voilé la face devant
lui, mais il entend sa plainte.

Tu seras ma louange dans la grande
assemblée ; devant ceux qui te craignent,
je tiendrai mes promesses.
Les pauvres mangeront : ils seront rassasiés ;
ils loueront le Seigneur, ceux qui le cherchent :
« À vous, toujours, la vie et la joie ! »

PSAUME 21, 2-3.10-12.15-16.20-27

Que rien ne te trouble,
que rien ne t'effraie ; tout passe.
Dieu ne change pas : la patience
obtient tout ; celui qui possède Dieu
ne manque de rien. Dieu seul suffit !

Élève ta pensée, monte au Ciel,
ne t'angoisse de rien, que rien ne te trouble.

Suis Jésus-Christ d'un grand cœur,
et quoi qu'il arrive, que rien ne t'épouvante.

SAINTE THÉRÈSE D'AVILA

Jésus, le Christ, Lumière intérieure,
ne laisse pas les ténèbres me parler.
Jésus le Christ, Lumière intérieure,
donne-moi d'accueillir ton amour.

CHANT DE TAIZÉ

ACCUEILLIR LA VIE

« De tout ton cœur, fais confiance au Seigneur, ne t'appuie pas sur ton intelligence. Reconnais-le, où que tu ailles, c'est lui qui aplanit ta route. »

PROVERBES 3, 5-6

Je côtoie la mort, j'encaisse le choc, mais la vie n'est pas absente. Bien au contraire, elle ne cesse de se manifester. Au-delà de ma peine, je peux la percevoir et recevoir ces petites pépites qui m'aident à surmonter l'épreuve. Un texto, une conversation, un bouquet de fleurs, un reflet sur l'eau, une mélodie, un moment partagé, une prière... À petites touches, le Seigneur me montre qu'il est là.

Lui qui a vaincu la mort, ne nous a pas laissés seuls face à la souffrance. Il nous a donné un remède : la consolation. « Pas de souffrance sans consolation, pas de consolation sans souffrance[13]. »

13. Anne-Dauphine Julliand, *Consolation*, Paris, Les Arènes, 2020.

La consolation vient de lui, *« le Père plein de tendresse, le Dieu de qui vient tout réconfort »* (2 Co 1, 3). Elle vient aussi des autres. Mais comme il est difficile de se faire aider ! Peut-être faut-il commencer par accepter de reconnaître que l'on est fragile et que l'on ne maîtrise pas la situation ? Peut-être faut-il discerner ce qui nous fait du bien et humblement le demander aux autres (une visite, un coup de téléphone, un service, etc.), en les laissant libres de nous aider ou pas ?

Pour choisir la vie dans le deuil, je dois accepter que rien ne soit jamais plus comme avant, que le passé reste où il est. Au lieu de me plaindre de ce que je ne peux plus faire, pourquoi ne pas essayer de rendre grâce pour ce que je peux faire désormais ? Ce n'est pas trahir le défunt que de remercier pour ce que je peux faire sans lui aujourd'hui.

Dieu ne veut pas mon malheur, il veut que je vive, moi son enfant particulier, unique, bien-aimé. *« Au long du jour, le Seigneur m'envoie son amour. »* (Ps 41, 9). Il ne me donne pas quelque chose à porter, mais il m'accompagne. À moi d'y être attentif, de me faire « capacité, pour qu'Il se fasse torrent[14]».

14. Phrase attribuée à sainte Catherine de Sienne.

Seigneur, mon chemin

Seigneur mon Dieu, je ne sais pas bien
où je vais, mais je sais que tu me conduis,
comme le bon berger prend soin de chacune
de ses brebis. Dans la nuit que je traverse,
ne permets pas que je m'égare,
que je parte loin de toi.

Merci de me montrer comment
« habiter [ta] maison tous les jours de ma vie »
(Ps 26, 4). Aujourd'hui, je veux rester près de toi
et te chercher. *« Ne me cache pas ta face »*
(Ps 26, 9), surtout au moment où je souffre !

Par ta Parole, tu me parles. Enseigne-moi,
dirige-moi, ouvre mes oreilles et mon cœur à ta voix.
Malgré mes pauvres forces, montre-moi les petites
occasions de donner de l'amour autour de moi.

En suivant tes commandements,
*« j'avancerai jusqu'à [ton] autel, vers Dieu
qui est toute ma joie »* (Ps 42, 4), vers celui
qui change *« [le] deuil en une danse, [les] habits
funèbres en parure de joie »* (Ps 29, 12).

Mon âme te cherche

Comme un cerf altéré cherche l'eau vive,
ainsi mon âme te cherche toi, mon Dieu.

Je n'ai d'autre pain que mes larmes, le jour, la nuit,
moi qui chaque jour entends dire :
« Où est-il ton Dieu ? »

Je me souviens, et mon âme déborde :
en ce temps-là, je franchissais les portails !

Au long du jour, le Seigneur m'envoie son amour ;

et la nuit, son chant est avec moi,
prière au Dieu de ma vie.

Je dirai à Dieu, mon rocher :
« Pourquoi m'oublies-tu ?
Pourquoi vais-je assombri, pressé par l'ennemi ? »

Outragé par mes adversaires,
je suis meurtri jusqu'aux os,
moi qui chaque jour entends dire :
« Où est-il ton Dieu ? »

R/ Pourquoi te désoler,
ô mon âme, et gémir sur moi ?
Espère en Dieu ! De nouveau je rendrai grâce :

il est mon sauveur et mon Dieu !

PSAUME 41, 2.4-5.9-12

Ô Dieu ! Que c'est une bonne chose
de ne vivre qu'en Dieu, de ne travailler
qu'en Dieu et de ne se réjouir qu'en Dieu !

SAINT FRANÇOIS DE SALES

Prière de saint Ambroise

Oui, c'est toi, Dieu créateur de toutes choses,
qui règles les cieux, qui revêts
le jour de seyante lumière,
la nuit des grâces du sommeil,

Afin qu'aux membres détendus,
le repos rende aisé l'ouvrage,
qu'il soulage l'esprit lassé
et des deuils qu'il dénoue l'angoisse.

SAINT AMBROISE[15]

15. Saint Augustin, *Les Confessions*, IX, 11, 32.

Ô Mère chérie

Ô Mère, pourquoi tant de tendresse
dans ton Regard ?
Quand tu penches la tête et fixes les yeux sur moi,
Je vois sur ton Visage une extrême bonté.
Ton Regard est pour moi une tendre caresse.

Ô Marie, que ton Regard est attachant.
Je crois y lire ton ardent Amour,
Ta profonde Compassion pour mon âme,
Et pour ma vie toute remplie de souffrances.

Tu me regardes, tu me regardes sans cesse,
Tant dans les jours de joie que de tristesse,
Et ton Regard est une invitation
à me jeter dans tes bras
Pour y être cajolé et guéri de mes blessures.

Ton Regard est ma consolation dans mes peines,
Il est la joie et la paix de mon cœur.
Si je fais un faux pas et tombe dans le péché,
Ton Regard est un avertissement pour mon âme.

Les jours où je suis joyeux,
tu me regardes aussi avec amour,

Comme pour ajouter encore à ma joie,
et dans ta Bonté,
Tu n'oublies pas de me regarder
dans les combats de la vie,
Comme pour m'encourager à garder la patience.

Surtout dans les moments où je suis à bout de forces,
Tu ne manques jamais de me regarder.
Dans le trouble comme dans les dangers,
Ton Regard est mon réconfort et mon soutien.

Ô Marie, je t'aime beaucoup !
Il me suffit de regarder ton Visage pour être rassuré ;
Il me suffit de regarder ton Visage
pour dissiper ma tristesse ;
Il me suffit de regarder ton Visage
pour recouvrer la paix.

Ô Mère chérie, que de tendresse dans ton Regard !
Regarde-moi jusqu'à mon arrivée en paradis,
Jusqu'au moment où, comme englouti
dans la pupille de tes Yeux,
Je contemplerai avec toi le Dieu d'une Tendresse infinie.
Ainsi soit-il.

MARCEL VAN

En toi, j'ai mis ma confiance, Ô Dieu très saint,
Toi seul es mon espérance et mon soutien.
C'est pourquoi je ne crains rien,
J'ai foi en toi, ô Dieu très saint.

CHARLES-ÉRIC HAUGUEL[16]

16. Charles-Éric Hauguel, Paris, Éditions de l'Emmanuel, 1985.

Prière du matin

Seigneur, dans le silence de ce jour naissant,
je viens te demander la paix, la sagesse et la force.
Je veux regarder aujourd'hui le monde
avec des yeux tout remplis d'amour.
Être patient, compréhensif et doux,
voir tes enfants comme tu les vois
toi-même, au-delà des apparences,
et ainsi ne voir que le bien en chacun.
Ferme mes oreilles à toute calomnie,
garde ma langue de toute malveillance.
Que seules les pensées qui bénissent
demeurent en mon esprit.
Que je sois si bienveillant et si joyeux
que tous ceux qui m'approchent sentent ta présence.
Revêts-moi de ta beauté, Seigneur,
et qu'au long de ce jour, je te révèle.

ANONYME

I've got all my life to live
and I've got all my love to give

J'ai toute ma vie à vivre
et j'ai tout mon amour à donner.

GLORIA GAYNOR[17]

17. Gloria Gaynor, *I'll survive*, paroles de Freddie Perren et Dino Fekaris, 1978.

✝

Oui, le Seigneur est ton refuge ;
tu as fait du Très-Haut ta forteresse.
Le malheur ne pourra te toucher,
ni le danger, approcher de ta demeure :
il donne mission à ses anges
de te garder sur tous tes chemins.
Ils te porteront sur leurs mains
pour que ton pied ne heurte les pierres ;
tu marcheras sur la vipère et le scorpion,
tu écraseras le lion et le Dragon.
« Puisqu'il s'attache à moi, je le délivre ;
je le défends, car il connaît mon nom.
Il m'appelle, et moi, je lui réponds ;
je suis avec lui dans son épreuve. « Je veux
le libérer, le glorifier ; de longs jours, je veux
le rassasier, et je ferai qu'il voie mon salut. »

PSAUME 90, 9-16

METTRE LE DÉFUNT À SA PLACE DE DÉFUNT

« Pourquoi cherchez-vous le Vivant parmi les morts ? Il n'est pas ici, il est ressuscité. »

LUC 24, 5-6

Tu es parti et je ne m'habitue pas à ton absence. Je n'ai pas pu donner tes affaires. J'ai mis des photos de toi partout. Tout me rappelle quand tu étais là. J'ai besoin d'aller fréquemment au cimetière, d'entretenir ta tombe. Mes proches aimeraient que j'évolue, que j'arrête de ressasser les mêmes souvenirs. Mais c'est trop dur. À quelle place dois-je te mettre aujourd'hui, dans ma vie ?

Est-ce que, en gardant mon défunt pour moi, je n'entrave pas son chemin d'éternité ? Est-ce le respecter et l'aimer que de le garder dans la tombe, de le figer à un instant de son histoire ?

Et pour moi ? Ce « culte » de mon défunt ne freine-t-il pas le déroulement de mon deuil ? Cela ne m'empêche-t-il pas d'exprimer toutes les émotions et les sentiments liés à sa mort ? Si je vis dans le passé, si je reste parmi les morts avec mon cher défunt, est-ce que je ne risque pas de me fermer à Dieu ?

Comme chrétiens, nous croyons que nous sommes faits pour la vie éternelle. Le chemin commencé ici-bas en aimant et en faisant le bien autour de nous culmine au Ciel. Sous l'impulsion de l'Esprit Saint, l'amour des hommes grandit sur terre comme un feu. Au Ciel, il devient un brasier ardent.

La vive flamme d'amour des défunts, mêlée à celle de Dieu, de la Vierge Marie, des anges et de tous les saints, illumine tous ceux qu'ils ont aimés sur la terre. Elle leur montre aussi la direction. Nos défunts sont des éclaireurs, des ancres qui nous arriment solidement au Ciel.

C'est en aimant d'un amour large et dilaté que l'on reste proche et que l'on goûte la communion des saints.

✝

Ne pleurez pas, je vous serai plus utile
après ma mort et je vous aiderai plus
efficacement que pendant ma vie.

SAINT DOMINIQUE

Pour un mort

Mon Dieu, reprends ton souffle à notre ami,
dégage-le de l'odeur de la mort.

Tu l'as donné gratuit, reprends-le de même :
mets d'abord à son compte que nous l'aimons.

Nous n'avons pas à te le présenter,
nous te montrons ce qu'il nous a donné.

Rassemble ses bontés, elles t'appartiennent,
ne l'isole pas de nos prières pour le juger.

Devant la mort nous ne savons que toi,
nous prenons souffle à l'espérance.

Là où déjà beaucoup des tiens sont à demeure :
qu'ils accueillent notre ami et l'entourent.

Oublie qu'il t'oubliait, Seigneur,
rappelle-toi qu'il t'appelait.

Reprends son souffle et tiens-le pour ami :
tes amis te le demandent.

PATRICE DE LA TOUR DU PIN

Taisons-nous

Taisez-vous !
Ils parlent là-haut. Ils énumèrent
le nom de ceux qu'ils ont aimés.
Ils amoncellent en petits tas
des événements qui leur sont chers,
comme des cairns de future gloire
sur le bord des chemins.
Taisons-nous... pour entendre
des bribes de leurs rêves d'anges.

SŒUR IMMACULATA ASTRE[18]

18. Sœur Immaculata Astre, *Clefs du silence*, Abbaye Notre-Dame du Pesquié, Éditions du Pesquié, 2016.

Il est temps de quitter vos tombeaux

Il est temps de quitter vos tombeaux,
de sortir du sommeil de la nuit,
d'aller vers la lumière, acclamer
le Dieu trois fois saint !

Vainqueur de la nuit, Christ ressuscité,
tu dévoiles la face du Père.
Tu es la lumière, tu es notre joie.
Sois béni, ô Dieu qui nous libères !

Unis à ton corps, Christ ressuscité,
tu nous mènes à la gloire éternelle.
Tu présentes au Père ceux qu'il t'a confiés.
Sois loué, reçois notre prière !

Tu donnes l'Esprit, Christ ressuscité,
tu déverses des fleuves d'eaux vives.
Fils aimé du Père, tu nous as sauvés.
Gloire à toi, pour ta miséricorde !

Roi de l'univers, Christ ressuscité,
toi qui trônes à la droite du Père.
Tu viens dans la gloire pour nous relever.
Ô Seigneur, que s'ouvre ton Royaume !

VINCENT HENDRICKS[19]

19. Vincent Hendricks, *Il est temps de quitter vos tombeaux*, Paris, Chants de l'Emmanuel, 2007.

✝

Le Christ, mon espérance, est ressuscité !

SÉQUENCE DE PÂQUES

À saint Michel archange

Saint Michel archange, défendez-nous
dans le combat et soyez notre protecteur
contre la méchanceté et les embûches du démon.
Que Dieu réprime son audace,
nous vous en supplions.
Et vous, prince de la milice céleste,
par le pouvoir divin qui vous a été confié,
précipitez en enfer Satan
et les autres esprits mauvais
qui rôdent dans le monde
pour la perte des âmes.
Amen.

LÉON XIII

Sub tu praesidium

Sub tuum praesidium confugimus,
sancta Dei Genitrix ;
nostras deprecationes ne despicias
in necessitatibus
sed a periculis cunctis libera nos semper,
Virgo gloriosa et benedicta.

Sous l’abri de ta miséricorde,
nous nous réfugions, sainte Mère de Dieu.
Ne méprise pas nos prières
quand nous sommes dans l’épreuve,
mais de tous les dangers
délivre-nous toujours,
Vierge glorieuse, Vierge bienheureuse.

J'aime le Seigneur : il entend le cri de ma prière ;
il incline vers moi son oreille :
toute ma vie, je l'invoquerai.
J'étais pris dans les filets de la mort,
retenu dans les liens de l'abîme,
j'éprouvais la tristesse et l'angoisse ;
j'ai invoqué le nom du Seigneur :
« Seigneur, je t'en prie, délivre-moi ! »
Le Seigneur est justice et pitié,
notre Dieu est tendresse.
Le Seigneur défend les petits :
j'étais faible, il m'a sauvé.
Retrouve ton repos, mon âme,
car le Seigneur t'a fait du bien.
Il a sauvé mon âme de la mort,
gardé mes yeux des larmes
et mes pieds du faux pas.
Je marcherai en présence
du Seigneur sur la terre des vivants.

PSAUME 114

Je ne meurs pas, j'entre dans la Vie.

SAINTE THÉRÈSE DE L'ENFANT-JÉSUS

PRIER POUR LE DÉFUNT

« Car, s'il n'avait pas espéré que ceux qui avaient succombé ressusciteraient, la prière pour les morts était superflue et absurde. Voilà pourquoi il fit ce sacrifice d'expiation, afin que les morts soient délivrés de leurs péchés. »

2 MACCABÉES 12, 44. 46

Comment exprimer concrètement l'amour qui me relie à la personne que j'aime et qui est morte ? La prière pour les morts a toujours été encouragée par l'Église. « La pensée de prier pour les morts, afin qu'ils soient délivrés de leurs péchés, est une pensée sainte et pieuse[20]. » Notre prière pour eux peut non seulement les aider, mais aussi « rendre efficace leur intercession en notre faveur[21] ».

20. Encyclique *Lumen Gentium*, n° 50.
21. *Catéchisme de l'Église catholique*, « La profession de la foi chrétienne », chapitre troisième, article 9, paragraphe 5, § 958, 1992.

Vivants et morts sont unis dans la communion des saints qui relie le ciel et la terre « puisque tous les croyants forment un seul corps[22] ». Puisque la mort ne coupe pas les liens, je peux prier pour les défunts morts en état de grâce, mais qui ne sont peut-être pas encore en possession de Dieu. Plusieurs moyens me sont proposés :

Je peux offrir des messes. Saint Augustin, par exemple, raconte qu'avant de mourir, sa mère lui demanda avec anxiété « de se souvenir [d'elle] à l'autel du Seigneur[23] ». La messe est la plus belle des prières puisqu'elle est l'offrande même du Fils à son Père. En faisant célébrer une messe pour la personne que j'aime, je la fais bénéficier des flots de grâce du sacrifice du Christ, comme une ondée qui rafraîchit dans le feu purificateur ;

Je peux aussi accomplir des œuvres de miséricorde. La prière pour les défunts en fait partie, ainsi que les indulgences obtenues à certaines conditions ou encore les actes effectués avec amour. Offerts à Jésus, ils sont une manière de réparer à la place du défunt et de réaliser sur la terre le bien qu'il n'a pas pu faire de son vivant.

22. *Id.*, § 947.
23. Saint Augustin, *Les Confessions*, IX, 11, 27.

Pour un petit enfant

Dieu tout-puissant et très doux qui,
dès qu'ils sortent de ce monde, accordez immédiatement
la vie éternelle sans aucun mérite de leur part,
à tous les enfants régénérés dans la fontaine
du baptême, comme nous croyons
que vous avez fait aujourd'hui pour l'âme
de ce petit enfant ; accordez-nous, Seigneur,
par l'intercession de la bienheureuse Marie
toujours Vierge et de tous vos saints,
de vous servir ici-bas avec des âmes purifiées
et d'être éternellement réunis dans le paradis
avec les bienheureux petits enfants.

Prière à Notre-Dame des tout petits défunts[24]

Nous tournons notre cœur et notre regard vers toi,
mère de la vie et mère de consolation.
Tu as reçu la mission de conduire
à Jésus tous les enfants des hommes.

Tu prends soin de chaque être humain que Dieu
a créé par amour et qu'il confie à ta maternité.

Accueille notre prière pour cet enfant qui n'a pas
vu le jour. Il était connu et aimé par Dieu, depuis
sa conception ; qu'il puisse vivre dans ton royaume,
auprès du Christ qui a triomphé de la mort.

Mère des tout petits défunts, viens nous
consoler dans notre peine et faire grandir
en nous l'espérance de retrouver cet enfant
un jour, auprès de toi, dans le Ciel. Amen.

Notre-Dame libératrice, prie pour nous.

24. Dans la basilique Notre-Dame de Montligeon, une chapelle est consacrée à Notre-Dame des tout petits défunts. Chacun peut venir y prier pour un enfant non né, quelles qu'en soient les raisons. Un « chemin de consolation » est également installé dans les jardins du sanctuaire.

Offrande

Seigneur Jésus, toi la résurrection
et la vie, tu as promis que celui qui vit
et croit en toi ne mourra jamais (Jn 11, 25-26).
Je crois que ... est vivant et que tu l'aimes
éternellement. Je le dépose dans ta main
et je le confie à ta sainte miséricorde.
De ton cœur couleront des fleuves d'eau
vive (Jn 7, 38). Jésus, prends ... dans ton cœur
qui a tant aimé les hommes,
efface toutes ses fautes,
délie les liens qui l'attachent encore au péché
et accueille-le près de toi
dans la lumière et la joie éternelles.
Amen.

Invocations

• Donne à ..., Seigneur, le repos éternel,
et que la lumière sans fin brille sur lui/elle.

• Seigneur, Dieu de miséricorde, accorde
à ... la béatitude du repos éternel
et la splendeur de ta lumière.

• Dieu, toi qui donnes le pardon
et qui sauves les hommes, nous te demandons,
par l'intercession de la bienheureuse Marie
toujours vierge et de tous les saints,
de donner à ... de parvenir à la béatitude éternelle.

• Seigneur, que les âmes des fidèles défunts reposent en paix

Prière pour ses parents

Ô Dieu, toi qui nous as commandé d'honorer
nos parents, prends en pitié l'âme
de mon père et l'âme de ma mère.
Pardonne leurs péchés et accorde-moi la grâce
de les revoir dans la joie de la vie éternelle.

Ainsi soit-il.

Notre-Dame libératrice

Notre-Dame libératrice,
prends en pitié tous nos frères défunts,
spécialement ceux qui ont le plus besoin
de la miséricorde du Seigneur.
Intercède pour tous ceux qui nous ont quittés
afin que s'achève en eux l'œuvre
de l'amour qui purifie.
Que notre prière, unie à celle de toute l'Église,
leur obtienne la joie qui surpasse tout désir
et apporte ici-bas consolation et réconfort
à nos frères éprouvés ou désemparés.
Mère de l'Église, aide-nous, pèlerins de la terre,
à mieux vivre chaque jour
notre passage vers la résurrection.

Guéris-nous de toute blessure
du cœur et de l'âme.
Fais de nous des témoins de l'invisible,
déjà tendus vers les biens que l'œil ne peut voir,
des apôtres de l'espérance semblables
aux veilleurs de l'aube.
Refuge des pécheurs et Reine de tous les saints,
rassemble-nous tous un jour
pour la Pâque éternelle,
dans la communion du Père avec Jésus, le Fils,
dans l'Esprit Saint, pour les siècles des siècles.
Amen.

Notre-Dame de Montligeon,
prie pour les âmes du purgatoire.

Prière aux cinq plaies du Christ

Ô bon et très doux Jésus,
je me prosterne à genoux en votre présence
et je vous prie et vous conjure,
avec toute la ferveur de mon âme,
de daigner graver dans mon cœur de vifs sentiments
de foi, d'espérance et de charité,
un vrai repentir de mes égarements,
et une volonté très ferme de m'en corriger,
pendant que je considère en moi-même,
et que je contemple en esprit vos cinq plaies,
avec une grande affection et une grande douleur,
ayant devant les yeux ces paroles prophétiques
que prononçait déjà le saint roi David :
« Ils me percent mes mains et mes pieds ;
je peux compter tous mes os. » (Ps 21, 17-18).

Amen.

PÈRE THÉODORE D'ALMEIDA

Tu es la résurrection, la vie et le repos

Dieu des esprits et de toute chair, qui as foulé
aux pieds la mort, qui as réduit le diable à néant
et qui as donné ta vie au monde,
donne à l'âme de ... le repos dans un lieu lumineux,
verdoyant et frais, loin de la souffrance,
de la douleur et des gémissements.

Dieu bon et miséricordieux, pardonne-lui
tous ses péchés, commis en paroles,
en actions et en pensées, parce qu'il n'existe
pas d'homme qui vive et qui ne pèche pas.
Toi seul es sans péché, ta justice est justice
pour les siècles et ta parole est vérité.

Ô Christ notre Dieu,
puisque tu es la Résurrection, la vie et le repos de ...,
nous te rendons grâce aujourd'hui
et pour les siècles des siècles. Amen.

Notre Père de sainte Mechtilde (extrait)

Notre Père, qui es aux cieux… Je t'en prie, ô Père céleste,
pardonne aux âmes du purgatoire,
car elles ne t'ont pas aimé ni rendu tout l'honneur
qui t'est dû, à toi, leur Seigneur et Père,
qui par pure grâce, les as adoptées comme tes enfants,
mais elles, au contraire, t'ont, à cause de leurs péchés,
chassé de leur cœur où tu voulais pourtant habiter.
En réparation de ces fautes, je t'offre
l'amour et la vénération que ton Fils incarné
t'a témoignés tout au long de sa vie terrestre,
et je t'offre toutes les actions de pénitence et de satisfaction
qu'il a accomplies et par lesquelles il a effacé
et expié les péchés des hommes. Amen.

Pendant une messe célébrée pour le défunt

Accorde-nous, Dieu tout-puissant et miséricordieux, que … pour lequel nous t'offrons ce sacrifice de louange soit, par la vertu de ce saint mystère, purifié de tous ses péchés et reçoive de ta miséricorde la vie éternelle.

Amen.

CRÉER UN NOUVEAU LIEN AVEC LE DÉFUNT

« Vous rendrez grâce à Dieu le Père, qui vous a rendus capables d'avoir part à l'héritage des saints, dans la lumière. »

COLOSSIENS 1, 12

Me voici apaisé. J'ai accepté de te laisser partir. J'ai pu te dire tous mes pardons et tous mes mercis. Le deuil a été comme une masse de flots et de vagues qui est passée sur moi (Ps 41, 8). Submergé hier, je respire mieux aujourd'hui. Le Seigneur a ôté le poids qui chargeait mes épaules, mes mains ont déposé le fardeau (Ps 80, 7). Tu me manques toujours, mais Dieu m'a donné sa paix.

Tu es parti en éclaireur et tu m'indiques le chemin du Ciel. Par ta mort, tu m'as rappelé ma propre mort, je ne peux plus vivre comme si elle n'existait pas. Avec toi et pour toi, j'ai cherché des réponses. Je découvre que mon bonheur est de demeurer en Jésus, pour pouvoir un jour voir Dieu face à face. Je cherche à vivre mieux. Comme saint Paul, « *oubliant ce qui est en arrière, et lancé vers l'avant, je cours vers le but en vue du prix auquel Dieu nous appelle là-haut dans le Christ Jésus* » (Ph 3, 13-14). Je sais que là-haut, nous serons réunis à jamais.

Je me rends parfois au cimetière. En visitant ta tombe, j'honore ton corps créé par Dieu. Mais c'est plutôt à la messe que je te retrouve. Le mystère de l'Eucharistie est un pont entre le ciel et la terre, car il est célébré « en communion avec toute l'Église du ciel et de la terre, des vivants et des défunts[25] ». Par ce sacrement, « nous nous unissons au Christ qui nous rend participants de son corps et de son sang pour former un seul corps[26] ». Aujourd'hui plus qu'hier, c'est en Dieu que je te suis uni. Je n'aurai pas assez de toute ma vie pour m'en rendre compte tout à fait !

25. *Catéchisme de l'Église catholique*, « Les sept sacrements de l'Église », chapitre premier, article 3, paragraphe IV, § 1354, 1992.
26. *Ibid.*, paragraphe II, § 1331, 1992.

Nous serons unis par l'amour

Là où je suis, vous êtes, vous aussi.
Et là où vous êtes, je suis, moi aussi.
Nous sommes un corps.
Serions-nous séparés par le lieu,
nous serons unis par l'amour.
La mort elle-même ne peut rompre notre union.

SAINT JEAN CHRYSOSTOME

C'est à toi que nous allons

Seigneur Jésus
Toi, le Bon Berger qui nous ouvres le chemin du Ciel
Et qui nous introduis dans la Divine intimité,
Je te confie ...
Il nous a quittés.
Il a disparu à nos yeux,
Il nous manque,
Et pourtant il est toujours présent
Parce qu'il est en toi ;
en toi qui es toujours proche,
Qui es toujours là.
... est présent différemment,
... est présent plus intimement.

Seigneur Jésus,
Je te remercie pour la vie de ...
Pour le cadeau que fut sa vie, son sourire,
Ses fragilités, sa générosité,
Tout ce qu'il a donné autour de lui,
Tout ce qu'il a semé sur son chemin.
Pour tout ce qu'il est, tout simplement !
Je te demande pardon

Pour ce que nous n'avons pas su recevoir de lui,
Je te demande pardon pour ce qui a pu
blesser nos relations.
Je te demande pardon
pour ce que nous n'avons pas su faire pour lui.

[...]

Et pour nous qui poursuivons notre route sans ...,
Apprends-nous à apprivoiser son absence
Où se cache sa discrète présence.
Que le grand passage de ... et de tous ceux
qui nous précèdent sur ce chemin
Fasse grandir en nos cœurs un profond désir du Ciel.
Car nous sommes faits pour ton Royaume,
Seigneur Jésus,
Et ce meilleur qui est devant nous est infiniment désirable :
Parce que tu es encore meilleur
que tout ce qu'on peut imaginer
Et c'est à toi que nous allons et en toi,
Dans la joie de la Sainte Trinité qui est Amour.
Amen.

SŒUR MARIE DE L'ANNONCIATION

Prière à un tout petit défunt

Ô notre petit ange,
toi que le Bon Dieu nous avait donné pour notre joie
et qu'il nous a repris pour sa gloire,
fais que nous soyons heureux de ton bonheur.

Tu vois Dieu, la Vierge, les anges, les saints
et tous ceux que nous avons aimés ici-bas
et qui ont regagné le paradis.

Veille sur nous, notre petit saint à nous.
Sois notre étoile et fais que, pour te rejoindre,
nous sachions toujours regarder en haut.

Prière d'un fils

Seigneur, les rangs se creusent alentour.
Ô Père,
toi qui es l'auteur de toute vie,
reçois auprès de toi celui qui m'a donné la vie.

Ne regarde pas ses péchés,
vois sa fidélité dans la foi qu'il m'a transmise
pour que je te connaisse et puisse te trouver.

Maintenant qu'il est devant toi,
dans la vérité de sa vie,
il est présent avec moi quand je t'adore, ô mon Dieu.
Maintenant, c'est à mon tour de marcher devant
à la face du Seigneur
et de préparer ses chemins.

Ô Père, toi qui as tout remis
entre les mains de ton Fils,
ne m'abandonne pas.
Sois mon roc, mon bouclier et le bâton qui me guide
pour conduire les enfants que tu m'as confiés
sur le chemin de la paix et de la vie.

UN PÈRE DE FAMILLE

Prière de sainte Thérèse de l'Enfant-Jésus à son père

Rappelle-toi qu'autrefois sur la terre,
Ton seul bonheur était de nous chérir.
De tes enfants exauce la prière :
Protège-nous, daigne encore nous bénir.
Tu retrouves là-haut notre mère chérie
Qui t'avait précédée dans la sainte patrie.
Maintenant dans les Cieux,
Vous régnez tous les deux.
Veillez sur nous !

Quatrain

La mort de nos proches
est une croix qui, comme une clé,
nous ouvre la porte du Ciel.
La terre défile à nos pieds
mais la croix comme un parapente
nous tient suspendus dans les airs.

SŒUR BARBORA TURKOVA

Seigneur, les rangs se creusent alentour.
J'ai vu s'évanouir
Tant d'amis d'enfance et de jeunesse ;
Partir avant l'heure des collègues, des intimes.
Je n'entends plus la voix familière
Qui me hélait à sa table,
Ni le pas boitillant
De ma voisine de couloir.
La place de mon partenaire
Demeure vide à la partie de cartes.
Celle qui organisait la vie du quartier
Vient d'entrer en urgence à l'hôpital.

Dans ce vertige du dépouillement,
Ne me laisse pas seul.
Il est si difficile de se comprendre
Et d'être compris.
Ne permets pas que je sombre
Dans la tristesse de l'absence,
Mais rappelle-moi la joie
Des connivences partagées.
Assure-moi de nos retrouvailles
En un lieu et un temps inconnus
Mais avérés.
Ancre-moi dans l'amour sans condition.

COLETTE NYS-MAZURE

Hymne liturgique pour l'office des lectures de la fête de Toussaint

Comme ils étaient baptisés sous ton Nom,
Qu'ils l'ont porté jusqu'à mort et passion,
Il t'a suffi de t'appeler en eux
Pour qu'ils revivent ! Alléluia !

Comme ils avaient reçu ton Esprit Saint,
Qu'ils ont pris souffle en lui jusqu'à la fin,
Il t'a suffi de le reprendre en eux
Pour qu'ils revivent ! Alléluia !

Et nous, Seigneur, de ton Nom aujourd'hui,
Du même sang baptisés par l'Esprit,
Tu es chez toi comme tu fus chez eux
Pour qu'ils revivent ! Alléluia !

Tout est en toi, comme tout t'appartient,
Tout est pour toi en communion des saints ;
Il nous est bon de l'apprendre par eux,
Puisqu'ils te vivent ! Alléluia !

PATRICE DE LA TOUR DU PIN

CULTIVER L'ESPÉRANCE CHRÉTIENNE

« Si nous sommes passés par la mort avec le Christ, nous croyons que nous vivrons aussi avec lui. »

ROMAINS 6, 8

Qui es-tu aujourd'hui ? Une ombre qui passe, un souvenir, un non-être, une âme errante, un esprit, un ange, un saint, un dieu ? Souffres-tu ? Es-tu heureux, délivré, soulagé ? Vois-tu Dieu ou attends-tu d'être prêt à le voir dans ce lieu de purification qu'on appelle le purgatoire ?

Saint Paul écrit : *« Frères, nous ne voulons pas vous laisser dans l'ignorance au sujet de ceux qui se sont endormis dans la mort ; il ne faut pas que vous soyez abattus comme les autres, qui n'ont pas d'espérance. Jésus, nous le croyons, est mort et ressuscité ; de même, nous le croyons aussi, ceux qui se sont endormis, Dieu, par Jésus, les emmènera avec lui. »* (1 Th 4, 13-14).

L'Église catholique affirme que l'âme se sépare du corps au moment de la mort. Mis en terre, le corps se décompose en attendant la résurrection de la chair qui surviendra à la fin des temps. Dieu, qui a créé l'homme corps et âme à son image en une union intime, ne peut permettre la disparition de la chair. Toute chair ressuscitera au dernier jour. Alors, nous pourrons à nouveau nous serrer dans les bras, nous sourire, nous parler et chanter ensemble les louanges du Créateur.

La mort est comme un rendez-vous d'amour avec le Seigneur qui nous a tant aimés. Après la mort, l'âme se présente à Dieu. Dans cette lumière, les actes d'amour et les manques apparaissent : *« Car rien n'est caché qui ne doive paraître au grand jour »* (Lc 8, 17). Jugée à l'aune de l'amour, l'âme du défunt reçoit une rétribution. Elle peut déjà être unie à Dieu ou bien, elle doit encore s'y préparer. Ou bien elle se prive définitivement de Dieu.

Notre espérance peut donc s'appuyer sur deux certitudes : nos morts sont bien vivants et, s'ils ont choisi Dieu, nous nous retrouverons un jour !

Ce que le Seigneur nous demande,
c'est de le croire Dieu, d'espérer en lui,
parce qu'il est aussi puissant qu'il est Dieu.
Espérer, même à plat ventre,
à terre et immobile. Mais espérer
d'une espérance vitale, indestructible.

MADELEINE DELBRÊL[27]

27. Madeleine Delbrêl, *Indivisible amour*, Paris, Centurion, 1992.

Tous ceux que me donne le Père
viendront jusqu'à moi ; et celui qui vient
à moi, je ne vais pas le jeter dehors.
Car je suis descendu du ciel
pour faire non pas ma volonté,
mais la volonté de Celui qui m'a envoyé.
Or, telle est la volonté de Celui qui m'a envoyé :
que je ne perde aucun de ceux qu'il m'a donnés,
mais que je les ressuscite au dernier jour.
Telle est la volonté de mon Père : que celui qui
voit le Fils et croit en lui ait la vie éternelle ;
et moi, je le ressusciterai au dernier jour.

JEAN 6, 37-40

De profundis

Reste l'attente éternelle,
Mon Dieu,
Toi qui attises l'obscur
Jusqu'au rougeoiement des os
que ta volonté soit faite.
En toi m'abîmant,
j'attends le dénouement,
le grand jour du Fils,
dans la lumière du temps.

GÉRARD VINCENT[28]

28. Gérard Vincent, *Mort d'un chartreux*, Paris, Éditions du Rocher, 2022.

De ma chair, je verrai Dieu

Je sais, moi, que mon rédempteur est vivant,
que, le dernier, il se lèvera sur la poussière ;
et quand bien même on m'arracherait la peau,
de ma chair je verrai Dieu. Je le verrai,
moi en personne, et si mes yeux le regardent,
il ne sera plus un étranger. Mon cœur
en défaille au-dedans de moi.

JOB 19, 25-27

Nous allons sans savoir

Nous allons sans savoir, obscurcis et chancelants.
Ta main ne soutient plus la nôtre
et ta voix est si basse que nous ne l'entendons plus.
Nous interrogeons les murs et les nuages.
À qui adresser les reproches,
les insultes qui nous échappent :
pourquoi elle ? Pourquoi si tôt ? Et nous ? Et moi ?

Nous nous cognons aux questions sans interlocuteur.
Nous marchons cependant, comme elle avançait.
On a parlé d'une lueur, d'une clarté,
le troisième jour.
L'espérance est chevillée à la douleur.

COLETTE NYS-MAZURE[29]

29. Colette Nys-Mazure, *Issue des lisières*, Amay, L'Arbre à paroles, 1997.

Rien qu'aujourd'hui

Rien qu'aujourd'hui, j'essaierai de vivre
ma journée sans chercher à résoudre
le problème de toute ma vie.
Rien qu'aujourd'hui, je prendrai le plus grand soin
de me comporter et d'agir de manière courtoise,
je ne critiquerai personne, je ne prétendrai corriger
ou régenter qui que ce soit, excepté moi-même.
Rien qu'aujourd'hui, je serai heureux
sur la certitude d'avoir été créé
pour le bonheur, non seulement dans l'autre
monde mais également dans celui-ci.
Rien qu'aujourd'hui, je consacrerai dix minutes
à une bonne lecture en me rappelant que,
comme la nourriture est nécessaire
à la vie du corps, de même la bonne
lecture est nécessaire à la vie de l'âme.
Rien qu'aujourd'hui, je ferai une bonne
action et n'en parlerai à personne.
Rien qu'aujourd'hui, j'accomplirai au moins
une chose que je n'ai pas envie de faire,
et si on m'offense, je ne le manifesterai pas.

Rien qu'aujourd'hui, je me plierai
aux circonstances, sans prétendre
que celles-ci cèdent à tous mes désirs.
Et je me garderai
de deux calamités : la hâte et l'indécision.
Rien qu'aujourd'hui, je croirai fermement
– même si les circonstances attestent le contraire –
que la Providence de Dieu s'occupe de moi
comme si rien d'autre n'existait au monde.
Rien qu'aujourd'hui, je n'aurai aucune crainte.
Et tout particulièrement
je n'aurai pas peur d'apprécier
ce qui est beau et de croire à la bonté.
Je suis en mesure de faire le bien pendant
douze heures, ce qui ne saurait me décourager,
comme si je me croyais obligé de le faire
toute ma vie durant. Ainsi soit-il.

SAINT JEAN XXIII

Prière pour obtenir les vertus théologales

Sainte Thérèse de l'Enfant-Jésus,
vous qui avez été héroïque en foi,
en espérance et en charité,
obtenez-nous la foi
non pour transporter les montagnes
mais pour percer la nuit ;
obtenez-nous l'espérance
non dans les lendemains qui chantent
mais dans la grâce qui transfigure ;
obtenez-nous surtout la douce charité
qui tempère les rigueurs de l'exil
et fait de notre séjour terrestre
une vie éternelle commencée.

DOM GÉRARD

Mon très doux Jésus, Dieu infiniment
miséricordieux, Père très tendre des âmes,
et d'une façon toute particulière,
des plus faibles, des plus misérables,
des plus infirmes que vous portez
avec une tendresse spéciale entre vos bras divins,
je viens à vous afin de vous demander,
par l'Amour et par les Mérites de votre Sacré-Cœur,
la Grâce de me confier toujours plus
dans votre miséricordieuse bonté,
la Grâce de reposer en assurance
dans vos bras divins et amoureux
pour le temps et pour l'éternité.
Ainsi soit-il.

SŒUR CONSOLATA BETRONE

Le bon larron

Seigneur,
notre frère (notre sœur/notre enfant)
se présente (aujourd'hui) devant toi,
au seuil de ton royaume.

Il est pauvre de tout,
grand seul est son péché,
sa vie est une nuit.

Un trésor y brille cependant :
dans ta miséricorde il a mis toute sa confiance.

Le bon larron est son jumeau.
Qu'il aimerait comme lui entendre :
« Aujourd'hui tu seras avec moi dans le paradis. »

JEAN DUHESME

La vertu d'espérance

Ô mon Dieu,
qui nous avez permis les espoirs humains,
mais qui seul donnez l'espérance chrétienne et surnaturelle,
accordez, je vous en supplie, par votre grâce,
cette vertu à mon âme, à toutes les âmes
qui me sont chères et à celles de tous les chrétiens.
Faites qu'elle illumine et transforme pour nous
la vie, la souffrance et la mort même
et qu'elle nous conserve,
à travers les déceptions
et les tristesses de chaque jour,
une force intime et une inaltérable sérénité.
Ainsi soit-il.

ÉLISABETH LESEUR

J'irai vers ta clarté

J'irai vers ta clarté,
Ô Christ ressuscité,
je crois que ton regard
ne peut me décevoir.

Plus d'ombre, plus de pleurs,
ni larmes, ni douleurs,
Jésus, car près de toi
tout n'est que paix, que joie !

Qu'à l'heure de ma mort,
Ta voix me dise encore :
« Ami, dès aujourd'hui
viens dans mon paradis. »

Au ciel ta Mère, Ô Jésus,
avec tous les élus,
m'accueillera pour toujours
dans le royaume de l'Amour.

D'APRÈS LE CANTIQUE DE SAINT HERVÉ

TABLE DES MATIÈRES

REMERCIEMENTS

Je voudrais remercier ma famille et, tout spécialement, mon cher Philippe, mes parents et mes sœurs, pour leur soutien inconditionnel, leurs conseils et leurs encouragements. Un très grand merci aussi à Luc Adrian pour sa bienveillance et ses conseils avisés, ainsi qu'à don Thomas Lapenne, et au père Joël Pralong, qui m'ont fait l'amitié de relire le manuscrit en détail.

Merci tout spécialement à don Paul Denizot, recteur de Montligeon, qui m'a fait l'honneur d'écrire la préface. Ses enseignements, ainsi que ceux des autres chapelains et des sœurs de la Nouvelle-Alliance, sont une catéchèse irremplaçable qui indique sans cesse le chemin de la Vie.

Ma gratitude va aussi aux auteurs des prières qui ont accepté de livrer un peu de leur intimité spirituelle en partageant leur conversation avec Dieu après avoir perdu un proche.

Merci aussi à Lina, Albane, Sylvie, Clarisse, Martine, Serge, Caroline et Romina qui ont déniché des textes inspirés.

Je souhaite, enfin, remercier du fond du cœur mes amis et mes proches en deuil, les pèlerins de Montligeon et toutes les personnes qui m'ont livré très simplement leur témoignage au fil des années. Leur peine, leur espérance et leurs mots sont la trame de ce livre.

MIXTE
Papier issu de
sources responsables
FSC® C106600

Achevé d'imprimer en août 2022
par DZS en Slovénie.
N° d'édition : 22174.
Dépôt légal : septembre 2022.